DESENTIERRO

Irene Ortega Guerrero

COLECCIÓN ITES

DESENTIERRO

© Irene Ortega Guerrero
© de la corrección ortotipográfica: Cristina Ocete
© obra pictórica de la portada: *El cisne, nº 8* (1915),
Hilma af Klimt
© de esta edición: Olé Libros, 2025

ISBN: 979-13-87951-40-5
Depósito legal: V-5099-2025
Impreso en España

KALOSINI, S. L.
Grupo editorial olélibros
equipo@olelibros.com
www.olelibros.com

A nosotras, compañeras de viaje

Muerta habrás de yacer y nunca habrá un recuerdo ya de ti
y no lo habrá jamás en el futuro pues tú no participas de las rosas
de Pieria. Invisible también en la mansión de Hades,
entre sombríos muertos errarás, caída ya del vuelo.

SAFO[1]

---

1 *Grecorromanas. Lírica superviviente de la Antigüedad clásica.* Austral, 2020. Traducción de Aurora Luque.

I.

DRAGONES A TU ESPALDA

PALABRAS (INSOMNES)
PARA COMPAÑERAS DE VIAJE

Tendríamos que desaparecer
Pensadlo
Realmente tendríamos que hacerlo
Volar como escafandras, disolvernos
en monedas volátiles
Tendríamos que desaparecer
sin restos de dolor ni de nostalgia
solo
tal vez
amor deshilachado
azul de firmamento
y una leve ingravidez sonora
Sí
un reguero levísimo
de alfileres clavados en las alas

Tendríamos que desaparecer
No queda nada aquí para nosotras

HERENCIA

Se ahogó el aire en la garganta, niña,
se ahogó como se deshizo en hilos
negros la luz soñada de las lunas.
Traslúcidas cruzábamos el puente
apenas caminando por el filo,
los dedos desollados, el silencio
ceñido sin querer a la cintura.

¿Y qué hacer con las hijas doliendo?
Huérfanas de palabras redentoras
crecían sin saber ni desear
siquiera, reducidas a costilla
pudiendo por tan poco haber volado.
Con horas de secreto les bordé un
mantón de flecos verdes e insumisos
que no alcancé a poner sobre sus hombros,
tan hechos ya a encorvarse de vergüenza.
Y así agachadas partieron, almíbares
virginales, se las comió la vida
y el aire, niña, el aire, jamás
volvió a correr ligero en nuestro patio
ni alborotó vivaz el mantoncillo.

Pero hoy, que ya me alejo, crecen lunas
nuevas de esperanza. Toma el mantón,
atraviesa la médula del puente
vibrante y orgullosa como quien
se sabe dueña, dueña y no mendiga,
de mil flecos de luz arrebatados
al silencio para tejer tu herencia.

Verdad cuántica

Que existe un mundo invisible y real
cuyas leyes desafían la razón imponente
de los siglos
es una verdad cuántica

Quiere esto decir que es todo posible
todavía

Incluso que regreses de un pasado joven
cuando estabas viva

Incluso que regreses y me quieras

Incluso que no sepa quién soy y no te importe

TRAPECIO

En el vacío el vuelo enloquecido
             del trapecio se empeña en la alegría

Se enredan las raíces en zarcillos
             de viento encadenado, impulso de la
risa liviana sobre la delgada
             barra del columpio, cruza la niebla
humedad en zapatillas blancas
             no más soleadas tardes encendidas
en cantos, un hato indescifrable de
             calma y de congoja es buscar la sangre

        (de las muertas)

Muerta

tus palabras se descomponen como
se deletrea el tiempo en mi conciencia
suceden los días, las horas que no
viví, como memoria regalada,
se alzan rojas en carne de mi carne

Infancia de desfigurado rostro

Tengo tiempo, todavía

No como la pobre infancia de desfigurado
rostro, demasiado lejos
demasiado

No llegó aún el día de detener lo irreversible
lo inevitablemente muerto

Aunque hubiera podido,
bien lo sabe el crepúsculo
de azuladas plumas, bien lo sabe
azul
el miedo

Todavía el tiempo
Todavía azul
Todavía puedo cruzar aferrada a una pluma

Loca funambulista de sueños azulados

CARRETERA

Me aterra la carretera
Todavía
De noche tanta oscuridad
Tanta nada
Son los ojos de las bestias mi única guía
De día
De día podría pisar el acelerador hasta el último final
Sin más
Sin un pestañeo

O abandonarme mirando atrás
(qué asco de retrovisores laterales,
qué vicio tan humano agrandar el pasado)

DRAGONES A TU ESPALDA

mira
allí nos veo
desbrozamos rosas de fiebre
y leve madrugada

¡corre!
ya bailan pétalos de luz
ya los dragones
guardan tu espalda
y no sabe la piel
de voces muertas

¡corre!
desenreda las garras
corta
las raíces
aviva
el vuelo loco del trapecio
sobre campos en dientes
de león dormidos
sobre sus tumbas
niégales
el tributo azul del miedo

¡y canta canta canta!
pétalos despiertos
piel de dragón
niñas como flores
flores como garras
muerte como luz
a dentelladas

Yerma

Galopa una historia en el estómago
pujando por salir

La sueño sin forma y creo estar
de ella preñada

Acudo a dar a la luz y vuelvo
yerma

No está
me dicen

Hay una historia por nacer
Y tal vez sea la mía

LO PEOR

Cuando creo que lo peor ha pasado

lo peor pasa y me deja colgando de una hoja
vencida por la nieve
temiendo que el relente termine
al fin
por desgajarme

llevándose el calor, robándome por siempre

Dios (a)

No sé si te abandoné
O me abandonaste
Ni siquiera sé si eso es posible

Sé que no me gusta tu nombre
En la prisión de otras bocas
Solo inefable te entiendo

Pero al parecer no existes
Sin una cárcel de palabras
Y yo ya no soporto más encierros

GALATEA

Como losas sobre mí
miles de ojos que aborrezco
y necesito
me dicen quién soy
mi imagen en un pantano
estático
inerme y sin respuesta a mi
reflejo
sedienta de adjetivos me
doblo bajo el peso y aun
así como una adicta
sigo buscando miradas
al mejor postor para
orientarme
Hoy continúo siendo
tan solo
Galatea
pero un día me sacaré
los ojos de encima y los
dioses de dentro
nunca más rostros quietos bajo
aguas estancadas

Hamlet

Ser y no es Hamlet quién continúa
Ser y no hay alternativa
Ser lujuriosa
Dejarse ser
Dejarse y delirar las flores bajo el caramelo
Temblor y desmedido mar y vencejos urbanos
Ser y no escapar a la memoria a pesar del vértigo
Abrazando el vértigo
En este amanecer de luces encerradas

LUNA DE COSECHA

Si el dolor no estrangulara las pequeñas bocas
de los ángeles
podría haber volado

Si no huyeran caídos de sus efímeros paraísos
si el mar no se tragara la vergüenza
podría haber sido
la belleza

Si en sus cuerpos batidos por las olas no
resonara cien veces
mi propio desamparo
no sé qué habría hecho conmigo la luna
de cosecha

Hoy también

Salir por la mañana oliendo a primavera
rumbo a un trabajo con el que no haces daño
y logras llevar el pan a la mesa
y la palabra a la boca de tus hijos

Encontrar un árbol de flores blancas
consciente de estar ante lo maravilloso
Saber que el trazo infantil no alcanzaría
a pintar un árbol y flor en un solo sentir
y que ha de ser por tanto cosa de hadas

Así debería ser la vida para los siete mil millones
de criaturas más que humanas que
según las cifras compartimos atmósfera
y destino en una esfera achatada por los polos
roja y ardiente por dentro
azul, verde y marrón desde el espacio

Sin embargo, frente al árbol de flores mágicas
los niños aún niños y solos
intentan sacar adelante sus pasos
quebrados
otro campamento de pretendido refugio
ha ardido en Bangladesh esta vez
y ciento treinta y siete mujeres más
serán asesinadas por sogas de malquerer
y escarcha

Ahora la cuestión es cómo vivir sabiendo
el árbol mágico junto a los niños quebrados
el refugio en llamas
y las sogas alrededor de nuestros cuellos
cómo vivir sabiendo y ser feliz hoy también
rumbo a un trabajo con el que logras llevar
el pan y la palabra solo a tus hijos

Palabras (insomnes)
para compañeras de viaje

La verdad os hará libres, rezaba una escultura de cadenas rotas en la biblioteca del colegio. Nadie nos dijo que la verdad nunca vendría como valquiria salvadora, que tendríamos que remover toneladas de estiércol, rabia y cobardía, que la verdad solo libera a quien la desentierra.

Tierra

para escombrar la juventud ligera

sobre el fiero latido de la carne
siglos de alas sepultadas

que retumba
huesos arrastrados
que dobla
muertas incesantes
que roba
el liviano azul de la intemperie

escucha el fin de tu poder
escucha los puños y los gritos
escucha el desentierro a borbotones

BRIZNA DE ENERO

Un pedazo de vida
Una brizna de enero
Un segundo contigo
Una eternidad pequeña
en la mañana de entonces
Cuando fuimos nosotras

CON AYUDA DE LA TARDE

Con ayuda de la tarde

No esperaré a que caiga
pero con su ayuda

cubriré tu rostro en ausencia
de la tierra misma

Separaré tu rostro rojo
casi negro
separaré los cerros y los peces

Con ayuda de la tarde

No esperaré a que caiga
pero con su ayuda

tu rostro desaparecerá y caminaré los cerros
aunque la tarde caiga

Con ayuda de la tarde

No esperaré a que caiga
pero con su ayuda

doblaré tu nombre en cuatro partes como un
sudario
junto a la cama

cortarán mis pasos los glaciares rotos cubiertos
por la tierra roja de tu nombre
y cargarán los peces el sudario feroz
como la misma muerte

II.

ENTRE LAS SOMBRAS DEL JARDÍN REVOLOTEAN NIÑOS COMO PÁJAROS

Palabras (insomnes)
para hijos del amor y el desconsuelo

Protégete, mi amor, de mi mirada
mantente en senda libre
atrévete a ser río

Esquiva sutil a quienes preñamos
tus pronombres de epítetos
inmóviles. Sé más fuerte
que las fuerzas ancestrales, sé más
sabio

Apresúrate

mi amor, sé río

tenaz e inexorable en tu camino

Oscila

en la maraña de los nombres

                            la niña que tal vez

un día

                            oscila

la risa

                            sedienta

curtida en cascabeles

                            se empeña en la alegría

…Y solo quedan manos esculpiendo el aire

Pajarito muerto

Cuando tiré a la basura la mochila rota
y el pajarito muerto
aún no habías despertado
Y yo
que te ofrezco mi mano
tantas veces a oscuras
supe que anidará para siempre
en tu pelo dorado de trigales y cascadas

Aurora

Persigo luces maravillosas en el cosmos
y me pregunto cómo puedo vivir sin caer
fulminada por el verde fatuo de una aurora
sin sucumbir bajo la gravedad que reclama
su tributo de estrellas agostadas. No sé
por qué esta fe
de dónde nace esta insistencia loca en sonreír
y en confiar y en ser feliz en esta oscuridad
apenas alumbrada por chispas de luciérnagas

GOLONDRINAS

Un nido de golondrinas y tu sonrisa invencible
Peter Pan victorioso en la isla sin tiempo
Dejas tu infancia volar como un globo de helio
¿Qué viejo y estúpido pirata se aferraría inútilmente
a su desgraciada vida?
Miras de reojo y ahí siguen asomando los polluelos
Venga, mami, hazme la foto
Tomo aire y allá voy

¡Sal de mi cuerpo!

¡Viejo!

¡Estúpido pirata!

Morir solo puede ser otra gran aventura

Transformación

Una mañana asombrada de nieve
el mundo aguarda tus pequeños pasos

Miras y en el aleteo de tus
pestañas late la Tierra entera
Saltan los saltamontes y el pez
volador
saltan el petirrojo y las ranas
Saltan los corzos
Chilla el milano
Aúlla el lobo

Avanzas con andar de manantiales
y el mundo se transforma

VOLAR

Para correr, como para volar,
hace falta un corazón ligero

Si el tuyo, como el mío, vuelca
en los pies tercamente el peso,
desafía sin tregua
la gravedad del desaliento,
tira de tu cuerpo con toda el alma
y corre aunque no puedas

Corre hasta que el corazón
confíe y se eleve,
corre hasta que broten
las alas del día,
corre hasta volar
porque te va la vida en ello

Palabras (insomnes)
para la que se aleja

Está siempre, al fondo, en la boca del estómago, un pellizco de pena antigua. Está también (también y siempre) aferrado a la garganta, un grito de correosa alegría. Y está en algún lugar, entre las amígdalas y el diafragma, una certeza esquiva: ni vida ni muerte, solo una segunda gestación brutal y maravillada.

Entreveradas

sobre las espigas
aletean mariposas
sí
sobre las espigas

sobre las espigas
danzan y cómo llorar
cómo
sobre las espigas

cómo llorar si
no son malas
cómo
si crecen entreveradas
de flores
cómo
si ellas también danzan
su pequeñez
oceánica

CASIOPEA

Si me preguntaran cuál es mi Casiopea favorita
diría sin dudarlo, la tortuga
No la hija
Ni la madre
Ni la constelación maldita

Si me lo preguntaran me encantaría que me pidieran
«justifica tu respuesta»
Pasa el tiempo y nadie me lo pregunta, por eso

me siento sola

Mayo Clinic

Claramente

un pájaro agoniza en mi garganta
y según Google
y Mayo Clinic

no debo en absoluto preocuparme

¿Por qué ha vuelto si volaba lejos
a ras de marzo?

Es el miedo me digo y le digo
a Mayo Clinic
y a Google

Es el miedo, el miedo azul, azul

y compañero anidado en las manos

MI PEQUEÑA SERPIENTE

Siempre supe que te desvanecerías
en cada pantalón tobillero
en cada campamento de verano
en cada cumpleaños con globos en el parque
mi niño perdido
estás aquí y sin embargo nunca volverás
del tiempo

Siempre lo supe y por eso te estreché
a arrebatos, me despedí en cada muda
mi pequeña serpiente escurridiza
muchacho de ojos tiernos
cuánto daría por abrazarte pequeño
abrazar entero tu cuerpecito cálido
tu risa diminuta
tu media lengua con orejas de perrito
antes de escuchar mi corazón partir
con tu vuelo en el pecho

Resurrección

Hasta que llegue a mí la sombra todo es luz

Hasta que la sombra se cierna no habrá
mañana que me espante, no habrá minuto
que no quiera besar ni hora que no abrace

Hasta que llegue a mí la sombra todo es luz

Hasta que lo oscuro cubra mis días
con su manto bailaré las lunas y
saltaré los charcos enfangados, la capa
de horror ondeando detrás nunca delante

Hasta que llegue a mí la sombra todo es luz

No me encontrará la umbría
hasta el último aliento y entonces
me iré
llevaré tantos besos como minutos
tantas lunas como charcos
tanta luz en mis brazos
como amaneceres despejaron el espanto

Cuando la sombra me alcance habré atesorado
tanta luz que la tiniebla observará impotente
cómo paso de largo

Despacio

aquí
hoy
treinta de abril
de dos mil veintiuno
dieciséis horas
cinco minutos
tarde pandémica

empujo el carro de la compra árboles en flor
brillante lila, pizza rápida, gritos
en la cancha, polen flota a través del sol, verde
rabioso y nuevo de las copas a lo largo de
mi calle, no quiero adelantar mi propia muerte

DE OJOS PARA DENTRO

No pretendo más que alejar nuestros
pasos
salpicados en el viento furioso
y desprendido y locamente fiel
de la tarde
solo nuestros pasos sobre la arena
en remolinos blancos hilvanados
hilvanados solo de ojos para dentro

TORTUGAS Y PLUMAS

Quiero un poema que me traiga tu risa
que me la traiga como acercan las
olas niños a la orilla envueltos
sobre la espuma en la luz entera del
verano. Quiero tortugas y plumas
y cantos rodados sobre la arena

Quiero un océano blanco de velas
desplegadas y un viento fiero que
se lleve mi capa. Quiero todo eso
que solo tu risa sabe desde que
entonces apareciste como si
nada, como si tú, como si todo

VUELVE

Con las pálidas lunas empapadas en noche

Raíces tan ajenas

    Envuelta en la evanescente bruma de los sueños

CONTIGO EL BOSQUE

De no estar tú, demasiado enorme sería el bosque
KOBAYASHY ISSA

Sigues siendo
un soplo de aire,
una risa fácil,
una cerveza a gritos

Da igual que el ruido
ya no sea el de un bar,
o que el mayor cumpla
catorce

Me encanta cuando
volvemos a los veintidós
y somos amigos
(con derecho a roce)

El regreso

Habéis vuelto hoy
es veintiuno de abril
Tal vez pronto para traer
el tiempo sin duelo
del verano
cuando la vida empieza
a merecer su nombre
Pero habéis vuelto hoy
y tal vez sea eso
lo único que importe

NOCHE DE SAN JUAN

Son casi las diez y las familias enjuagan los juguetes en la orilla
Hay lloros pequeños
Hay ansia de noche adolescente
Hay veinte años abrazando madrugadas
Hay perritos
y helados para los que no quieren hacer cena
Hay verano, por fin
Para todos los que no leen poesía

Menos mi abrazo

Llegaste buscando arrullo en mi cuerpo
y tu refugio
fue el mío

Dejé pasar dulces y zalameros
los años de tu infancia
la vida fluía
y tú navegabas
un mar indulgente
en cada rincón
mi abrazo

Hoy veo el desconcierto en tus ojos
ya sientes las sogas
del mundo

queriendo doblegarte

tal vez debí haber abierto antes
el odre de los vientos

tal vez demasiado tiempo te empujó
un Céfiro benévolo
pero, ¿por qué
habría de someterte yo
a la tiranía de este absurdo atardecer
de sueños machacados?

Ya qué importa
Llegó la hora de navegar cualquier mar
contra cualquier viento

prepárate pequeño
todo va a cambiar
menos mi abrazo

Te veo marchar

La mochila a la espalda
La falda escolar
El andar a saltitos
La coleta al ritmo

Todo el camino se abre
para ti
ancho es el mañana

Te veo marchar y no me apena
Anduve a saltitos
no hace tanto
recorrí el camino sin fin
y sin principio

Te veo y me enternece
Tu futuro invisible
Tu presente total
Mi pasado perdido

Te veo marchar
Y sigo

PALABRAS (INSOMNES)
PARA OJOS Y DIOSES

Pedid perdón por las mujeres quemadas hasta
desaparecer
quemadas por hablar
por sanar
por desobedecer

por poner el grito en el cielo. Pedid perdón
a todas
silenciadas
ocultas
veladas
revestidas de ignominia en la asamblea
privadas
de razón y conciencia
desterradas al exilio de la indignidad
humana

Por aquellas desangradas en secreto, niñas
invadidas
de otras vidas
jóvenes
encarceladas aun sin haber malogrado
bebés
probablemente injustos

Pedid perdón por los cuerpos, por todos los cuerpos
tomados en sacrificio
alquilados
comprados
vendidos

mutilados
avergonzados
arrodillados
sorteados al mejor postor como escarmiento

Por los hijos arrebatados tras un fusil
sobre un charco de sangre
bajo la máscara tenaz
de vuestro sello
condenados a odiar a aquellas que en lo secreto
crecieron sus vidas
Pedid perdón
Por los hijos
Por los hijos
Por los hijos

Y no digáis que ya las fauces se han cerrado
porque aún
las niñas caen
y caen sin una sola red que las cobije
no digáis, no os atreváis
a decir
lo que es una mujer
a pronunciar mil nombres como si de uno solo
se tratara
a negar el viento en nuestros rostros, no pretenda
un incompleto anhelo cercenado adueñarse
de la libertad
en nuestros pasos

No digáis nada
Pedid perdón
(y olvidaos por siempre de nosotras)

Sit tibi terra levis
(Epílogo)

que la tierra me sea ligera
que no me desintegre el alma antes
de haber vivido

diré entonces mejor

que la tierra bajo mis pies descanse
cobije conejos y zorros
dé a luz helechos y robles
y a mí en bosque confiada
me deje ser ligera
y leve sea mi paso sobre ella

no infrinja herida ni perturbe el silencio
de las criaturas escondidas
empapadas en lluvia

la misma lluvia que me mezcla

en partículas minúsculas suspendida

ÍNDICE

I. Dragones a tu espalda

II. Entre las sombras del jardín revolotean niños como pájaros